AF244568

LE POT-POURRI ÉLECTORAL

PAR

VICTOR GRENIER

SAINT-DENIS (Réunion.

Imprimerie Th. Cazal.

1877

DELENDA CARTHAGO !

Fidèle à notre promesse, nous commençons par notre habituel « Delenda Carthago » la brochure que nous offrons aujourd'hui à nos lecteurs : Il faut détruire le marché de gré à gré consenti au profit de l'Editeur du Moniteur pour la fourniture des travaux de typographie et de reglure nécessaires aux divers services de la Colonie.

L'opinion publique, actuellement édifiée sur ce sujet, demande l'annulation de ce marché pour cause d'illégalité, puisqu'il a été consenti de gré à gré et clandestinement par un administrateur trop complaisant au profit d'un concessionnaire trop favorisé, quand les lois et réglements sur la matière voulaient qu'il fut l'objet d'une adjudication publique avec concurrence.

Que si on ne veut pas annuler le dit marché pour cause d'illégalité, ce qui serait faire une critique trop sévère d'un acte de l'administration antérieure, on ne peut refuser de le résilier pour cause de lésion et de préjudice grave porté aux intérêts du trésor public.

Nous avons déjà fait remarquer combien ce

marché est onéreux pour la Colonie, en parlant
précédemment de ce qui s'est passé en 1871
pour la confection des cartes électorales, voici un
fait nouveau que nous signalons à l'attention
publique.

Prenez le dernier numéro du Journal Officiel
de mercredi 2 mai courant. Cela ressemble à une
mauvaise plaisanterie, et non pas à un Journal sérieux. C'est une demie-feuille de papier blanc
dans le coin de laquelle on a imprimé, sur une co-
lonne, deux petits arrêtés locaux et deux avis de
sauvetage. C'est la démonstration matérielle
qu'on pourrait se passer à Bourbon d'un Journal
Officiel, les arrêtés locaux et les avis de sauvetage pouvant être envoyés au premier Journal qui
paraît, avec prière à l'Editeur de les insérer en
tête de ses colonnes, au prix des annonces ordi-
naires. Cela coûterait bien meilleur marché.

Le numéro du mercredi 2 mai courant coûte a
l'administration le prix d'un numéro ordinaire
du journal officiel, c'est à dire la petite somme
de cent vingt-cinq francs, si le prix consenti pour
le marché est, comme nous le croyons, de douze

mille francs par an.

Or il est assez curieux de rechercher a combien ce numéro revient au fournisseur.

1o Il emploie pour cette besogne cent

demi feuilles de papier, c'est-à-dire deux
mains soit un franc 50 c.   1 fr. 50

2o Il y a bien pour 1 fr. de composi-
tion soit un franc   1

3 Mettons pour le tirage trois francs
ci.   3
                                      ———————————
              Total   5 fr. 50

Le Moniteur a donc vendu le 2 mai 1877,
aux pauvres contribuables de la colonie, cent
vingt-cinq francs ce qui lui coute 5 fr. 50. Nous
pensons que ce bénéfice est trop fort, et que ce
marché est onéreux pour le trésor, par consé-
quent l'administration peut et doit le résilier comme elle en a le droit.

Delenda Carthago.

Il ne faut pas croire que l'administration se
trouverait bien embarrassée si elle venait à rom-
pre son marché avec M. Gabriel Laheppe : Non !
C'est une vieille ficelle qu'on pouvait faire remuer

autrefois, mais dont on connait aujourd'hui toute la force. Il serait très-facile de trouver un autre imprimeur pour faire cette fourniture à des conditions bien plus avantageuses pour la Colonie, si le marché venait à être mis en adjudication publique, avec concurrence sérieuse. M. Lahuppe lui-même viendrait probablement soumissionner à des prix très-réduits, comme il l'a fait pour l'adjudication des cartes d'électeurs en 1871.

Il y a quelques années, quand M. Gillonnet, ouvrier typographe employé chez M. Lahuppe, était membre du Conseil général, cet honorable citoyen, dans un beau mouvement d'éloquence, et en affirmant, la main droite sur le cœur, qu'il ne plaidait pas pour son saint, a pu dire au Conseil qu'il fallait respecter le marché de son patron, parce que celui-ci possédait seul un établissement susceptible de faire les travaux du gouvernement. On a compris depuis que cette allégation pouvait être contestée. Qu'on mette le marché, en adjudication en donnant à l'adjudicataire un an pour entrer en fonctions, et vous verrez pleuvoir les soumissions pour un marché qui promet de fort beaux bénéfices à l'industriel qui pourrait l'obtenir.

On dit que M. Drouhet père qui est parti pour France en qualité d'ambassadeur sous-délégué de M. Milhet, nous revient par la prochaine malle vec un matériel complet d'imprimerie. Voilà ont trouvé un concurrent pour le marché du gouvernement. Il faut supposer qu'à l'avenir, le Rapporteur de la Commission du Budget, après avoir déclaré qu'il fallait mettre le marché en adjudication, ne viendra pas, dans une session suivante, renoncer à ses premières conclusions pour faire accepter par le conseil une transaction dans laquelle tout le monde n'a vu que du feu, les douze pour cent de réduction consentis sur les anciens prix, ayant été rattrapés au moyen de trucs aujourd'hui faciles, à expliquer,

Delenda Carthago !

LE POT-POURRI ÉLECTORAL

—o—

Par un arrêté de M. le Gouverneur, les électeurs du canton électoral de Saint-Denis, sont convoqués dans leurs sections respectives pour le dimanche 13 mai 1877, à l'effet de procéder à l'élection d'un membre du Conseil général, en remplacement de M. le docteur Mazeé Azéma démissionnaire, en vertu de ses nouvelles fonctions de Conseiller privé.

Si les électeurs de Saint-Denis ont manifesté de justes regrets en voyant M. le docteur Azéma renoncer aux douceurs des luttes électorales, il faut dire que l'ardeur de le remplacer n'en est pas moins vive dans plusieurs circonscriptions de Saint-Denis. Une grande agitation s'est manifestée dans tous les coins et recoins de la ville, et l'on a vu pousser des candidats plus nombreux que les champignons après une nuit pluvieuse. On en a compté d'abord une douzaine. Mais les choses se sont calmées depuis, et il ne nous en reste plus que trois pour le moment. C'est encore trop d'appelés puisqu'il n'y a qu'un seul membre à élire. Il y aura trop de tiraillements.

Ici nous devons à la justice de signaler la belle conduite du citoyen Jules Ropert qui, dans le but le plus noble, a fait connaître par la voie des journaux à tous les électeurs de Saint-Denis, qu'ils n'avaient pas à se déranger pour aller voter pour lui. Non ! M. Jules Ropert ne pose pas sa candidature, cela aurait fait trop de tort aux autres, il y aurait eu une émeute, on aurait défoncé les urnes pour voter pour M. Jules Ropert, et M. Jules Ropert ne veut pas que ses concitoyens se donnent tant de mal pour lui ; il leur apprend avec une modestie charmante qu'il ne croit pas encore avoir rendu assez de services à sa patrie d'adoption pour mériter leurs suffrages, et il s'efface en baissant les yeux. Il avait pris la même attitude à l'époque des élections qui ont eu lieu à Sain-Leu le 8 avril dernier. Décidément le citoyen Jules Ropert est un homme à précaution, et à la prochaine occasion, quand il aura la conscience d'avoir rendu assez de services à la patrie créole, il n'arrêtera plus l'ardeur impatiente des électeurs, et il passera au Conseil général comme une lettre à la poste. Vive le suffrage universel qui ne regarde pas à la taille des candidats pour en faire de grands hommes !

En vertu du désistement de M. Jules Ropert déjà nommé, nous restons avec trois candidats pour les élections du 13 courant.

Quel sera le vainqueur de cette nouvelle bataille électorale ? — Dieu le sait ! — Ce n'est pas toujours le plus digne que le suffrage universel comble de ses faveurs. Contentons-nous, dans un exposé rapide, de faire connaître les chances de chacun.

Comme le bon Croquemitaine, nous passerons en revue les titres des différents candidats qui se présentent, mais sans manquer de respect au doyen d'âge de la Presse locale, nous nous permettrons de lui dire que ses conclusions ne sont pas acceptables, et ne seront pas acceptées par les électeurs de Saint-Denis, et qu'il aurait bien mieux fait de se taire s'il n'avait en somme que l'intention de chanter les vertus champêtres d'un de ses camarades, qu'il peut avoir toute espèce de bonnes raisons pour porter dans son cœur, mais que bien certainement les électeurs de Saint-Denis ne porteront pas au Conseil général.

Le suffrage-universel n'est pas une machine à la disposition d'un journaliste ou même d'un groupe quelconque d'individus qui s'intituleraient membres d'un comité électoral, sans avoir reçu de personne aucune espèce de mandat pour choisir un candidat.

Nous lisons dans le Moniteur du 2 courant un singulier procès-verbal qu'il nous est impossible de passer sous silence.

MM. J. Loopy, A. Cologon, A. Desbetz, Frédéric Simon, A. Barau, C. Mouchès, P. Dureau de Vaulconne. E. Charlier et Edouard Leroy, électeurs de Saint-Denis se sont réunis l'an 1877 le 1er mai à 9 heures du matin, dans la demeure du dit sieur Edouard Leroy, pour se constituer en comité électoral !

Et ils font connaître que MM. P. Parent, A. Le Roy, Joseph Valentin et Paul Bera qui avaient été probablement invités à se joindre à eux, reculant devant cette plaisanterie très bouffonne, ont manqué à ce singulier rendez-vous. Ces absents sont excusés ! — Excusés de quoi ? — N'y a-t-il pas lieu plutôt de les féliciter de n'avoir pas été perdre leur temps dans une réunion aussi bizarre qu'insignifiante ?

Quoi qu'il en soit, ces messieurs après avoir déclaré « se constituer » en comité électoral, et cela à l'unanimité, ont décidé encore à l'unanimité qu'il y aurait dans le théâtre public de Saint-Denis une réunion « privée » pour le 6 mai courant, à 2 h. 1/2 de l'après-midi et que l'avis suivant serait imprimé dans les journaux :

« Une réunion électorale privée sera tenue le dimanche 6 mai courant à 2 h. 1/2 de l'après-midi dans la salle du théâtre de Saint-Denis.

Tout électeur qui désirerait y assister est prié de venir se faire inscrire chez M. Mouchès membre du comité électoral de Saint-Denis, à l'angle des rues du Conseil et de l'Église, de 8 h. à 10 h. 1/2 du matin et de 1 à 5 h. de l'après-midi.

Il lui sera remis une lettre d'invitation personnelle qui lui servira de carte d'entrée.

Les lettres d'invitation personnelle seront rigoureusement exigées pour être admis à la Réunion. »

*

Voilà, pour qu'on n'en ignore, ce délicieux morceau d'éloquence comico-politique ! — Cela exhale un parfum de basoche. Ça commence et finit comme un exploit d'huissier : « L'an mil huit cent soixante dix sept, le…etc etc… pour copie conforme. »

Et c'est signé : Édouard Leroy, secrétaire. Secrétaire de qui ? — secrétaire quoi ? — secrétaire des citoyens démocrates dont il a été parlé p'us haut. Secrétaire du comité électoral pour diriger le suffrage universel dans les élections qui doivent avoir lieu le 13 mai courant.

Ainsi Voilà MM. Édouard Leroy et Frédéric Simon qui se donnent sérieusement le mandat de diriger et d'éclairer le vote des électeurs de St-Denis, parmi lesquels on trouve des noms comme ceux-ci : Elie Pajot, — Erhenier, — Bridet, — François Mettet, — Zacharie Bertho et autres !

Ah ! nous aurions voulu voir la figure des si-
gnataires de l'avis que nous avons rapporté plus
haut, quand ils ont déclaré à l'unanimité qu'ils
se constituaient vraiment en comité électoral ; Ils
ont dû bien certainement, avoir envie de rire dans
leur barbe en prenant une pareille décision.

M. Edouard Le Roy est un jeune apprenti de
Cujas qui, quoique avocat, est dit-on, doué
d'une certaine intelligence. Nous n'avons pas
l'honneur de le connaître personnellement. Nous
lui avons adressé une seule fois la parole, et c'é-
tait dans son cabinet où nous nous étions rendu
pour lui parler d'une affaire qui lui avait été con-
fiée d'office par le tribunal. C'était en présence de
l'avoué de la cause. Me Edouard Le Roy a oublié
de nous offrir des chaises pour nous asseoir. Ce
procédé a dû nous étonner de la part d'un homme bien élevé; mais il parait qu'on permet ces
licences dans les mœurs démocratiques:

Or M. le secrétaire du comité électoral est dé-
mocrate, peut-être même intransigeant; déja
membre du Conseil de commune de son endroit,
il aspire à jouer plus tard un role politique plus
important : s'il ne pose pas aujourd'hui sa candidature au Conseil général, ce n'est peut-être
pas l'envie qui lui manque; mais il pense peut-
être comme M. Ropert, qu'il n'a pas encore rendu assez de services à la patrie créole
pour solliciter un siége dans la première assemblée du pays.

Cela viendra plus tard. Pourquoi pas ? Il est quelque fois utile à un jeune avocat qui n'a pas une trop forte clientèle de se faire élire membre du Conseil général. On péut se faire ouvrir par ce moyen la porte de la magistrature. Ca peut réussir quelque fois, — pas toujours, — mais quelquefois.

*

Sur la liste des membres du comité électoral de Saint-Denis on voit aussi écrit le nom brillant de maître Frédéric Simon ; redingote marron, figure idem.

Maître Frédéric Simon est une ancienne connaissance : il nous a accusé autrefois d'avoir été son parrain, et ce prétendu baptême nous a coûté plus de sept cent cinquante francs. C'est payer les dragées un peu cher.

En mil huit cent soixante et onze, Me Simon avait bravement posé sa candidature pour le Conseil général : il n'a pas réussi et depuis cet échec, il se contente modestement d'un siège au conseil municipal. Aujourd'hui le voilà membre du comité directeur. Est-ce qu'il voudrait reprendre du poil de la bête ? — Les électeurs de la Rivière se rappellent encore ce fameux discours prononcé à la grande Boulangerie, et dans lequel Me Simon a fait réellement preuve d'une éloquence spéciale. Ce qui a été surtout remarqué c'est l'originalité du geste de l'Orateur qui se baissait et se relevait à la tribune, de façon à ressembler à ces petits diablotins qui sortent d'une boîte à surprise pour amuser les enfants.

*

Après Me Simon, nous devons regretter de voir figurer sur la liste de cet étrange comité électoral les noms de plusieurs citoyens honorables et sérieux qui ont eu la faiblesse de se prêter à une plaisanterie qui est au moins un anachronisme, puisque nous ne sommes plus en temps de carnaval.

Qu'est-ce que ce brave et excellent Jules Loupy, et Desbetz, et Cologon, et les autres avaient à faire dans cette mascarade, et pourquoi n'ont-ils pas imité la réserve de MM Adolphe Leroy, Joseph Valentin Paul Sers et Pierre Parent qui, appelés à venir faire de la politique dans le bureau de M. Edouard Leroy, ont eu le bon sens de se faire excuser ?

✻

Examinons maintenant les faits et gestes du fameux comité Electoral, et voyons comment il a exécuté le mandat qu'il s'est adjugé d'office. Nous le savons, les réunions publiques sont interdites à la Réunion, même pendant la période électorale, quand il s'agit de nommer les conseillers communaux, ou les membres du Conseil général. Seulement l'administration tolère les Réunions privées, à la condition de les faire surveiller, pour éviter le désordre. Voilà la loi que les jurisconsultes dont se compose le comité electoral de St Denis ne devraient pas ignorer. Eh bien! qu'ont décidé ces braves citoyens démocrates ?

Après s'être bravement constitués en comité électoral, comme nous l'avons vu plus haut, ils ont décidé à l'unanimité qu'une réunion électorale aurait lieu, sous le titre de Réunion privée, dans un lieu public, lo théâtre, en annonçant publiquement la chose dans les journaux, et en offrant des invitations particulières à tous ceux qui en voudraient. P   on n'aurait eu qu'à se présenter au bu   qu'ici   Mouchès à qui se serait fait un   r de donner ne carte d'entrée à tous ceux qui auraient voulu assister à la représentation. Et même les cartes d'entrée n'auraient peut-être pas été rigoureusement nécessaires, car elles devaient être reçues par un membre ardent du comité, qui n'aurait sans doute pas été trop sévère sur l'admission des frères et amis. Voilà ce que ces messieurs voulaient appeler une réunion privée, et ils s'étonnent de voir l'administration ne pas partager leur avis sur ce point. Et ils ont jeté les hauts cris quand un ordre de la Direction de l'Intérieur a défendu cette représentation théatrale au bénéfice, dit-on, de l'honorable M. Ruben de Couder, lequel est le candidat préféré du comité électoral.

Cependant, messieurs les démocrates, il faut être juste et raisonner, quand on se pose en Directeur de l'opinion publique. Lorsque le Directeur du théatre donne une représentation quelconque, il annonce la pièce dans les journaux, — c'est ce que vous avez fait, — puis ceux qui veulent jouir du spectacle vont se procurer des cartes au bureau du théatre, ou chez telle personne déléguée par le Directeur, — c'est aussi ce que vous avez fait. Eh bien croyez vous franchement qu'on ne rirait pas au nez du Directeur du théatre, s'il prétendait que la représentation qu'il donne constitue simplement un réunion privée ? — Vous êtes dans les mêmes conditions sous tous les rapports, ne vous étonnez donc pas si l'administration vient vous rappeler à l'exécution et au respect de la loi et des règlements.

La réunion électorale annoncée au théâtre pour
le dimanche 6 mai courant, n'a donc pas eu lieu ;
mais les faiseurs d'élections ne se sont pas tenus
pour battus, et dans chaque circonscription du
canton de Saint Denis les électeurs ont assisté à
des scènes plus ou moins comiques. Les malheu-
reux candidats ont été mandés et ils ont eu la
bonté de se rendre à cet appel de quelques électeurs turbulents qui sont loin de représenter la
majorité de la population. Et il y a eu des inter-
rogations, et des interpellations, et des discus-
sions, et des affirmations, et des négations ; puis
des applaudissements et des cris. Ah ! Quel dur
métier que celui de candidat !

Nous ne raconterons pas tout ce que nous
avons appris au sujet de ces prétendues réunions
privées, contentons nous d'analyser d'une manière générale les chances et les titres des différents candidats qui se présentent aux élections
du 13 mai prochain.

Au premier moment, on avait vu surgir huit ou
dix candidatures pour le remplacement de M.
Azéma, mais aujourd'hui les électeurs n'ont plus
à choisir qu'entre MM. Ruben de Couder, Charles Legras et Camille Jacob de Cordemoy.

M. Jules Ropert, comme nous l'avons dit plus
haut, a fait connaître par une lettre insérée au
Moniteur qu'il se réservait pour une autre occasion, la poire n'étant pas encore mure, ou si vous
l'aimez mieux, les raisins étant encore trop
verts.

Quant a M. Thomy Labuppe, il paraît qu'il se montre provisoirement satisfait de sa dernière campagne à St-Paul, et qu'il ne se soucie pas de tenter les chances d'une nouvelle suite de Grenoble.

Examinons, ainsi que l'a fait le journal le Travail, les différentes titres des candidats qui vont tenter le sort de la bataille électorale. Nous commencerons par l'honorable M. Ruzeu de Couder.

✳

Nos trois candidats ont chacun fait une profession de foi qu'ils ont fait imprimer dans les journaux. Ils ont eu cette faiblesse là, bien qu'il soit entendu depuis fort longtemps qu'une profession de foi est une formalité parfaitement insignifiante, qui n'a jamais engagé personne. Exemple : L'honorable Millet de Fontrabiouse qui s'est fait nommer une première fois à St-Paul par le parti conservateur, et qui vient une seconde fois se faire acclamer par les mêmes électeurs de la même localité, comme le sous-chef le plus intransigeant et le plus libre penseur du parti radical :

Quoiqu'il en soit, nos trois candidats se déclarent tous républicains. Cela va sans dire. Mais

'on dit qu'ils ne sont pas tous de la même nuance.
M. Charles Legras paraît être un radical sang
de bœuf, et tirant même un peu sur le sombre ;
M. Ruben de Couder est rouge clair et d'une couleur gaie ; M. Camille Jacob de Cordemoy est
encore plus tendre dans la nuance républicaine,
et atteint presque la limite du rose ; nous lui en
faisons notre sincère compliment : il est en effet
parfaitement inutile de se faire passer pour tapa-
geur et mauvais garnement, quand on est réellement au fond, un parfait honnête homme et un
très-aimable citoyen.

Néanmoins je ne reproche pas à ces trois messieurs d'avoir proclamé qu'ils sont tous les trois
de très-grands républicains, c'est une nécessité
du moment, et on ne se présente pas actuellement
en société politique et démocratique sans être af-
fublé du bonnet phrygien, — mais ce que je ne
trouve pas bien, c'est que ces messieurs aient jugé
à propos, en faisant leur profession de foi, de jeter
des pierres dans le jardin de plusieurs représen-
tants qui sont déjà élus dans notre assemblée co-
loniale, et qui y occupent un rang très-distingué.
Pourquoi disent-ils tous les trois qu'ils n'ont pas
attendu la promulgation de la République pour
afficher des opinions républicaines ? — Qu'est-
ce que M. Milhet, et surtout qu'est-ce que M.
Drouhet diront d'un semblable coup de patte ? —
Est-ce qu'ils ne considéreront pas la chose comme
une véritable attaque personnelle ? — Car enfin,

il est à la connaissance de tout le monde que M. Milhet a attendu qu'on vint lui offrir la vice présidence du conseil général, pour quitter le parti-conservateur de St-Paul, et passer avec armes et bagage, et emportant son ami Gilles Grosse Panse, dans la majorité radicale et intransigeante du conseil, laquelle est actuellement entrain de rendre le dernier soupir. Que Dieu lui fasse miséricorde !

Quant à M. Drouhet, non-seulement il a attendu la prise de Sedan pour crier Vive la République, mais il est bien certain qu'après avoir crié Vive Louis Philippe 1er et vive Napoléon III, il attend n'importe quel évènement, pour crier n'importe quoi.

Il ne faut donc pas attacher une trop grande importance à la couleur politique que nos candidats au conseil général viennent arborer pour demander des suffrages. Ces précautions préliminaires sont ce que nous pourrions appeler les bagatelles de la porte. Tâchons de pénétrer plus au fond.

M. Ruben de Couder se fait un titre vis-à-vis des électeurs, de son indépendance vis-à-vis le pouvoir : il déclare qu'il va manger de l'administration, et que le gouvernement verra beau jeu avec lui. Il donne pour preuve de ce qu'il avance, la démission qu'il a offerte autrefois de sa position de conseiller général de l'Empire. C'est très-bien ? Mais il nous semble que M. Ruben de couder qui est un homme doux, eh bien élevé n'est pas si féroce que cela : — Pourquoi se faire plus méchant qu'on ne l'est ? Sans doute M. Ruben de Couder, directeur de la société financière la créole, a une position de fortune qui le rend indépendant, mais il n'a pas besoin pour cela de dire à M. Jacob qu'il ne veut pas être membre du conseil général dans l'intention de se servir de son siège dans la première assemblée du pays pour arriver à une position personnelle quelconque.

Il paraît que le propos a été tenu dans une réunion privée qui a eu lieu à la Grande Boulangerie de la Rivière. M. Ruben de Couder a eu tort, ce n'est pas parce qu'on est ingénieur communal qu'on penserait à devenir ingénieur en chef de la colonie. Ce n'est pas le même service. Et qu'aurait dit M. Couder si M. Jacob lui avait répondu qu'on pouvait quelquefois désirer un siège au conseil général, sinon pour son intérêt personnel, du moins pour celui de ses gendres ou de ses fils à qui une recommandation ne serait pas inutile auprès de l'administration du chemin de fer, par exemple, qui pourrait avoir besoin de s'adresser quelquefois à des négociants ou à des agents de change.

Nous pensons qu'il aurait fallu éviter ces insinuations malveillantes, que M. Ruben de Couder a du être, sans doute, le premier à regretter quand le calme s'est rétabli dans ses sens trop exc tés par le feu d'une discussion au sein d'une réunion électorale ! — Nous avons toujours pensé que ces réunions électorales ne signifient pas toujours grand'chose. Elles sont en général organisées pour le triomphe des braillards. Elles peuvent avoir de grands inconvénients. Les candidats mis aux prises en présence du public diversement impressionné, peuvent venir à se prendre aux cheveux. Alors c'est le plus fort en blague, ou le plus robuste à la poigne qui paraît avoir raison. Voyez-vous si à la Réunion de la Boulangerie les choses avaient été plus loin, si on s'était cogné, c'est le pauvre petit Jacob qui aurait eu la pile, et cependant il est bien certain que ce n'est pas le plus bête. Bien au contraire ! Ceci soit dit sans manquer de respect aux deux autres candidats pour lesquels nous professons une juste estime

M. Ruben de Couder est bien certainement un homme d'une incontestable valeur, d'une instruction profonde et variée, il possède parfaitement toutes les questions coloniales sur lesquelles le Conseil général sera prochainement appelé à donner son avis. Sous le rapport de la loyauté et de la noblesse du caractère, M. Ruben de Couder peut défier toutes les critiques de ses adversaires ? —Bien certainement, il n'a pas d'ennemis. Il jouit des sympathies générales. Chacun rend justice à son indépendance et à sa probité. C'est un homme d'esprit, amoureux des arts et de la littérature, bref c'est un homme charmant, causeur agréable, un peu raseur, mais presque toujours intéressant. Cependant il y a des taches à ce soleil, et nous dirons dans un moment pourquoi nous pensons que les électeurs de St-Denis feraient bien de lui préférer M. Camille Jacob de Cordemoy dont la valeur est aussi parfaitement incontestable.

M. Ruben de Couder nous apprend, dans sa profession de foi, qu'il rêve une société assise sur les larges bases du suffrage universel. Cette belle déclaration, assez creuse au fond, aurait dû séduire le rédacteur du « Travail ». Cependant le grand croquemitaine considérerait comme un malheur public l'élection de M. Ruben de couder. — Il y a beaucoup d'exagération là dedans. Si M. Ruben de Couder parvient à se faire élire, ce qui n'estpas probable, malgré tout le mal que ses amis se donnent pour cela, nous pensons que la colonie ne changera pas de place, que nos montagnes ne s'écrouleront pas et que le soleil continuera à se lever très-régulièrement tous les matins à l'Est, pour se coucher le soir dans l'Ouest.

Pourquoi donc M. Trollé repousse-t-il avec tant d'energie la candidature de M. Ruben de

Couder ? — D'abord M. Trollé cherche à faire prévaloir la candidature de son ami et confrère M. Charles Legras ; et pour faire monter celui-ci, il croit devoir faire descendre ses concurrents:

C'est bien ! Nous examinerons dans un moment les titres de M. Le Docteur Charles Legras à la représentation de son pays ; mais cela ne nous empêche pas de faire connaître les critiques du Travail contre la candidature de M. Ruben de Couder.

Ces critiques ne nous paraissent pas très-sérieuses, et si on ne pouvait pas en faire valoir d'autres, l'élection de M. Ruben de Couder serait certaine.

1o M. Trollé a l'air de gouailler M. Ruben de Couder quand il vient parler de son indépendance vis-à-vis de l'administration, Il est certain que si M. Ruben de Couder a donné avant 1870 sa démission de conseiller général de l'empire, en quoi il a fait acte d'indépendance, il avait précédemment accepté cette position de conseiller général, en quoi il avait fait sinon acte de servilisme, du moins acte d'adhésion au gouvernement du 2 décembre. Néanmoins l'indépendance de M. Ruben de Couder est connue, et sa fortune personnelle est une garantie qu'il ne se servira pas d'un siège au conseil général comme d'un marchepied pour arriver à une position pécuniaire quelconque. Il pourra bien, de temps en temps, donner un coup d'épaule à quelque parent ou ami ; mais comment empêcher cela ?

2. Le Travail reproche à M. Ruben de Couder d'avoir promis, dans sa profession de foi, de soutenir « sans réserve » l'entreprise de chemin de fer et de port de la Pointe des Gillets. SANS RÉSERVE est, en effet, un peu raide; mais M. Ruben de Couder n'a-t-il pas employé cette expression dans un sens complètement restrictif? C'est évidemment ce qu'il faut penser, et M Ruben de Couder serait sans doute le premier à mettre un frein à la fureur des demandes de MM. Pallu de la Barrière, Gilles Crestien, Malbet et compagnie, si ces messieurs s'avisaient d'aller trop loin dans leurs honnêtes prétentions.

M. Trollé, comme c'est son droit et peut-être son intérêt, soutient le port de St-Pierre. Il a aussi beaucoup de sympathie pour le port de Saint-Paul. Tout ce qui gêne Saint-Paul ou St-Pierre est nécessairement combattu par le Journal le Travail.

C'est ainsi que M. Trollé repousse la candidature de M. Ruben de Couder à cause du port de la Pointe des Galets, et qu'il combat la candidature de M. Jacob à cause du Port de St-Denis. M. Jacob dit M. Trollé, porte le trouble dans les esprits et compromet la question de la création d'un port à la Réunion, par ses études tardives sur le port de St-Denis.

Mais pas du tout: c'est au contraire M. Trollé et ses amis de St-Pierre qui sont venus compromettre la question du port qui était déjà tranchée par la chambre des députés Si aujourd'hui on hésite sur cette icles du Travail, et aux brochures plus ou moins intempestives de M. Désiré Barquissau, où l'on cherche à faire prévaloir un intérêt évident de clocher !

Les choses étant ainsi, pourquoi M. Camille Jacob n'aurait-il pas le droit de chercher à faire prévaloir l'idée de la création d'un port à Saint-Denis. — Un port à St-Denis serait un immense bienfait pour la capitale et pour la colonie tout entière. St-Pierre n'aura jamais qu'un port de localité. La Pointe des Galets amènerait un déplacement d'influence funeste à des intérêts considérables.

Si le Port se fait à la Pointe des Galets, on sera forcément amené à construire une ville dans cette plaine aride où l'on ne trouve que des galets ou des piquants blancs. Les constructions qui existent à St-Denis, ont coûté plus de deux cent millions: il faudra dépenser une somme égale pour construire une ville à la Pointe des Galets et St-Denis perdra les trois quarts de sa valeur! — Il ne faut donc pas faire un crime à un candidat qui veut représenter Saint-Denis de venir démontrer et de plaider la possibilité du port dans notre capitale. Loin de blâmer M. Jacob pour ce fait, il nous semble au contraire que les électeurs de St-Denis devraient acclamer sa candidature. Ils devraient en même temps faire comprendre à M. Ruben de Couder qu'un représentant de St-Denis ne doit soutenir le projet du port de la Pointe des Galets que dans le cas seulement où il serait démontré que le port n'est pas possible à St-Denis Oh ! alors il vaut mieux avoir un port à la Pointe des Galets que de n'en avoir pas du tout.

3o Enfin M. Trollé reproche à M. Ruben de Couder d'être partisan de l'Immigration. On connait sur cette question l'opinion très-contestable du Rédacteur du Travail : M. Couder pense avec l'immense majorité des habitants du pays que l'immigration est nécessaire à la Colonie : ce n'est donc pas encore sur ce point que nous trouvons justes les critiques faites par le Travail contre la candidature de M. Couder.

Si M. Ruben de Couder partageait les idées de M. Trollé à propos de l'Immigration des travailleurs indiens ou africains, il courrait risque d'être repoussé par la majorité des électeurs, c'est ce qui arrivera bien certainement à M. Charles Legras, candidat de M. Trollé, lequel a déclaré dans la réunion électorale de la Rivière, qu'il voterait toujours contre l'immigration parce qu'il avait peur de voir revenir l'esclavage par l'introduction à Bourbon de travailleurs libres, protégés par des lois particulières. Voilà une bonne charge !

On peut faire à la candidature de M. Ruben de Couder des reproches beaucoup plus sérieux que ceux qui lui ont été adressés par le Rédacteur du Travail.

Puisqu'on croit devoir demander à des candidats au conseil général, compte de leurs opinions politiques, pourquoi ne pas les interroger aussi un peu sur leurs opinions religieuses? Les trois candidats dont nous avons à nous occuper se déclarent tous républicains, c'est bien ! que pensent-ils du rôle de la Religion dans la société moderne ?

Cette question n'embarrasserait pas M. Camille Jacob, qui peut répondre, je le crois d'une façon très-correcte, sans être pour cela un bigot ; mais M. Ruben de Couder est, nous dit-on, libre penseur, et il paraît qu'il y a quelques jours, il a fait publiquement des observations assez singulières à propos de l'arrivée de notre nouvel évêque. Si ce fait est vrai, il faut penser que M. Ruben de Couder ne sera pas nommé par les gens sérieux qui respectent la religion et ne partagent pas la manière de voir de ces farceurs qui pensent qu'il est de bon ton de se poser en mangeurs de prêtres.

Quant à M. le docteur Charles Legras, nous n'examinerons pas sa candidature au point de vue religieux : c'est inutile. Qu'il nous suffise de dire qu'il passe non seulement pour un libre penseur, mais encore pour un matérialiste de l'école de Darwin, qui nous apprend que Dieu n'est qu'une hypothèse à supprimer, tandis que l'homme, cet animal à deux pieds et sans plume ne serait qu'une modification du singe Pougo.

Nous pensons qu'il y a beaucoup d'électeurs sérieux qui ne voteront ni pour M. Ruben de Couder, ni pour M. le docteur charles Legras.

Disons pour en finir, un simple mot sur la candidature de ce dernier.

Comme nous le savons déjà, M. Le docteur Charles Legras est le candidat du journal le Travail parce qu'il est libre penseur, et parce qu'il est contraire à l'immigration. Voilà des titres négatifs. Passons : quel sont les autres titres qu'on fait valoir en faveur de M. Charles Legras ? — Voici : 1o Il a été médecin pendant 33 ans, et 2o il est le frère du regretté Pierre Legras, lequel a compromis sa santé en défendant la liberté de la presse. Voilà :

Nous pensons que l'exercice plus ou moins prolongé de la profession de médecin n'est pas un titre pour être élu conseiller général. Où en serions-nous s'il fallait nommer tous les vieux médecins de la localité? — Quant à cette circonstance que M. Charles Legras est frère de M. Pierre Legras, nous nous étonnons qu'un républicain radical vienne chercher à faire revivre en sa faveur une espèce de droit d'hérédité en ligne collatéra'e. Et d'ailleurs malgré tout le respect

que nous devons à la mémoire de Pierre Legras,
il nous est permis de dire qu'il ne faut pas exa-
gérer le martyre qu'il a subi en faisant un mois
de prison dans une chambre humide où il a pu
prendre un gros rhume. La liberté de la presse
n'était pas aussi pour grand chose dans la pu-
blication du journal clandestin « Le cri Public, »
dont le but principal était, comme on le sait, de
faire nommer M. Drouhet proviseur du collè-
ge :

Après tout ce que nous venons de dire nous
allons conclure en un mot.

Electeurs de St-Denis, vous ne pouvez nommer que M. Camille Jacob.

V. G.